낭독하는 명작동화

Level 1

The Wolf and
the Seven Little Kids

✦∙ 늑대와 일곱 마리 아기 염소 ∙✦

새벽달(남수진) • 이현석 지음

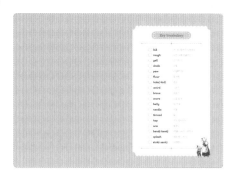

Key Vocabulary

명작동화를 읽기 전에 스토리의 **핵심 단어**를 확인해 보세요. 내가 알고 있는 단어라면 체크 표시하고, 모르는 단어는 이야기를 읽은 후에 체크 표시해 보세요.

Story

Level 1의 영어 텍스트 수준은 책의 난이도를 측정하는 레벨 지수인 **AR(Accelerated Reader) 지수 0.9~1.5 사이**로 **미국 초등학생 1학년 수준**으로 맞추고, 분량을 **500단어 내외**로 구성했습니다.

쉬운 단어와 간결한 문장으로 구성된 스토리를 그림과 함께 읽어 보세요. 페이지마다 내용 이해를 돕는 그림이 있어 상상력을 풍부하게 해 주며, 이야기를 더욱 재미있게 읽을 수 있습니다.

Reading Training

이현석 선생님의 **강세와 청킹 가이드**에 맞춰 명작동화를 낭독해 보세요.

한국어 번역으로 내용을 확인하고 **우리말 낭독**을 하는 것도 좋습니다.

This Book

Storytelling

명작동화의 내용을 떠올릴 수 있는 **8개의 그림**이 준비되어 있습니다. 각 그림당 제시된 **3개의 단어**를 활용하여 이야기를 만들고 말해 보세요. 상상력과 창의력을 기르는 데 큰 도움이 될 것입니다.

Summary

명작동화의 **줄거리 요약문**이 제시되어 있습니다. 빈칸에 들어갈 단어를 채워 보며 이야기의 내용을 다시 정리해 보세요.

Discussion

명작동화의 내용을 실생활에 응용하거나 비판적으로 생각해 볼 수 있는 **토론 질문**으로 구성했습니다. 영어 또는 우리말로 토론하며 책의 내용을 재구성해 보세요.

픽처 텔링 카드

특별부록으로 **16장의 이야기 그림 카드**가 맨 뒷장에 있어 한 장씩 뜯어서 활용이 가능합니다. 순서에 맞게 그림을 배열하고 이야기 말하기를 해 보세요.

 QR코드 영상을 통해 새벽달님과 이현석 선생님이 이 책을 활용하는 가장 좋은 방법을 직접 설명해 드립니다!

Contents

Level 1

The Wolf and the Seven Little Kids

✦•‖• 늑대와 일곱 마리 아기 염소 •‖•✦

Key Vocabulary

- [ ] **kid**   (한 살 미만의) 어린 염소
- [ ] **rough**   거친, 귀에 거슬리는
- [ ] **yell**   소리치다
- [ ] **chalk**   분필
- [ ] **paw**   (동물의) 발
- [ ] **flour**   밀가루
- [ ] **hide(-hid)**   숨다
- [ ] **weird**   이상한
- [ ] **brave**   용감한
- [ ] **snore**   코를 골다
- [ ] **belly**   배, 복부
- [ ] **needle**   바늘
- [ ] **thread**   실
- [ ] **hop**   뛰어 움직이다
- [ ] **sew**   꿰매다
- [ ] **bend(-bent)**   (몸을) 숙이다, 굽히다
- [ ] **splash**   첨벙 하는 소리
- [ ] **sink(-sank)**   가라앉다

Once there was Mother Goat.
She had seven little kids.
They lived in the woods.

It was morning.

Mother Goat had to go out.

She said, "I will come back soon.

A wolf might come. Do not open the door."

"Okay, Mother. We will not open the door.

We will stay safe," the little kids said.

Mother Goat left the house.

Soon, someone knocked on the door.

"Open the door, kids," a rough voice said.

But the kids were smart.

"No, you are not our mother.

You are a wolf!" they yelled.

The wolf tried again.
He ate chalk, and his voice changed.
Then he knocked on the door.
"Kids, let me in," he said softly.

But the kids were smart.

"Show us your paw," they asked.

The wolf showed his paw.

His paw was black.

"No, you are a wolf!" the kids shouted again.

The wolf had one more trick.
He put flour on his paw.
It became white.
He knocked for the third time.
"Kids, open up," he said sweetly.

This time, the wolf's voice was soft.

His paw looked white.

The kids were excited.

"Mother!" they shouted.

They opened the door.

At the door, there was the wolf.

He was big and scary.

The kids ran and hid.

The wolf found six of them.

He ate them up!

But the youngest kid was safe.

He hid in the clock.

Mother Goat came back.
The door was open.
She thought something was weird.

Suddenly, the youngest kid came out.

"Mother, a wolf came!" he said.

The kid was scared but brave.

Mother Goat hugged him.

She wanted to find her kids.

Mother Goat and the little kid looked around the house.

It was empty and quiet.

They were very sad.

But then, they heard a sound.

The sound came from the wolf.

He was snoring loudly.

The mother and the son followed the sound.

The wolf was sleeping.

He was under a tree.

His belly was moving.

"Look, Mother!" said the little kid.

"The wolf's belly is moving."

Mother Goat had an idea.

She went back to the house.

She packed a needle and thread.

Then she went to the wolf.

She cut open the wolf's belly.

One by one, the kids hopped out.

"Mother!" they shouted.

They were all safe!

"We missed you!" the kids said.

They hugged their mother and brother.

Mother Goat was happy, too.

But she was also wise.

"Kids, bring some stones," she said.

The kids found heavy stones.

They put them in the wolf's belly.

Then, Mother Goat sewed the belly.

Soon, the wolf woke up.

He was very thirsty.

He tried to get up.

But his belly was so heavy!

He did not know why.

The wolf went to a river.

He bent over to drink some water.

Splash! The wolf fell into the river.

He tried to swim.

But he sank deep into the water.

"No more bad wolf!" said Mother Goat.
The kids were happy.
They were safe now.

The family was together again.
They hugged and danced.
They were so glad.

And they all lived happily ever after.

◆ The Wolf and the Seven Little Kids

Once **/** there was **Mo**ther Goat.
She had **se**ven little **kids**.
They **lived / in** the **woods**.

It was **mor**ning.
Mother Goat **/** had to go **out**.
She said, **/** "I will come **back soon**.
A **wolf** might **come**. **/** Do **not / o**pen the door."

"**O**kay, **Mo**ther. **/** We will **not o**pen the **door**.
We will **stay sa**fe," **/** the little **kids** said.

Mother Goat **/ left** the **house**.
Soon, **/ some**one **knock**ed on the **door**.
"**O**pen the **door**, **/ kids**," **/** a rough **voi**ce said.
But the **kids /** were **smart**.
"**No**, **/** you are **not** our **mo**ther.
You are a **wolf**!" **/** they **yell**ed.

26

◆ 늑대와 일곱 마리 아기 염소

옛날 옛날에 엄마 염소가 있었습니다.
엄마 염소에게는 일곱 마리 아기 염소가 있었어요.
그들은 숲속에 살았습니다.

아침이었어요.
엄마 염소는 외출을 해야 했습니다.
엄마 염소가 말했어요. "엄마는 곧 돌아올 거란다.
혹시 늑대가 올지도 몰라. 문을 열어 주지 마렴."

"네, 엄마. 우리는 문을 열어 주지 않을 거예요.
우리는 안전하게 있을 거예요." 아기 염소들이 말했어요.

엄마 염소는 집을 나섰습니다.
곧, 누군가가 문을 두드렸습니다.
"문을 열어 다오, 얘들아." 거친 목소리가 말했습니다.
하지만 아기 염소들은 똑똑했어요.
"싫어요, 당신은 우리 엄마가 아니에요.
당신은 늑대잖아요!" 그들이 소리쳤습니다.

The **wolf** / tried a**gain**.

He **ate chalk**, / and his **voi**ce **chan**ged.

Then / he **knock**ed on the **door**.

"**Kids**, / **let** me **in**," / he said **soft**ly.

But the **kids** / were **smart**.

"**Show** us your **paw**," / they asked.

The **wolf** / **show**ed his **paw**.

His **paw** was **black**.

"**No**, / you are a **wolf**!" / the **kids shout**ed a**gain**.

The **wolf** / had **one** more **trick**.

He **put flour** / on his **paw**.

It became **white**.

He **knock**ed / for the **third time**.

"**Kids**, / open **up**," / he said **sweet**ly.

This time, / the **wolf's voi**ce was **soft**.

His **paw** / looked **white**.

The **kids** / were ex**cit**ed.

"**Mo**ther!" / they **shout**ed.

They **o**pened the **door**.

늑대는 다시 시도했습니다.

늑대는 분필을 삼켰고, 그의 목소리가 변했습니다.

그러고 나서 늑대는 문을 두드렸습니다.

"얘들아, 나를 들여보내 줘." 그가 부드럽게 말했습니다.

하지만 아기 염소들은 똑똑했습니다.

"당신의 앞발을 보여 줘요." 그들이 요청했습니다.

늑대는 자신의 앞발을 보여 주었습니다.

그의 앞발은 검은색이었습니다.

"아니, 당신은 늑대잖아요!" 아기 염소들이 다시 소리쳤어요.

늑대에게는 계략이 하나 더 있었습니다.

그는 자신의 앞발에 밀가루를 묻혔습니다.

앞발은 하얀색이 되었어요.

늑대는 세 번째로 문을 두드렸습니다.

"얘들아, 문을 열어 다오." 그가 나긋하게 말했어요.

이번에는, 늑대의 목소리가 부드러웠습니다.

늑대의 앞발은 하얀색으로 보였어요.

아기 염소들은 신이 났습니다.

"엄마!" 그들이 외쳤어요.

그들은 문을 열었습니다.

At the **door**, **/** there was the **wolf**.

He was **big /** and **sca**ry.

The **kids ran /** and **hid**.

The **wolf /** found **six** of them.

He **ate** them **up**!

But the **young**est **kid /** was **sa**fe.

He **hid /** in the **clock**.

Mother Goat **/** came **back**.

The **door** was **o**pen.

She **thought / some**thing was **weird**.

Suddenly, **/** the **young**est **kid /** came **out**.

"**Mo**ther, **/** a **wolf came**!" **/** he said.

The **kid** was **sca**red **/** but **bra**ve.

Mother Goat **/ hug**ged him.

She **want**ed to **find** her **kids**.

Mother Goat and the little **kid / look**ed around the **house**.

It was **em**pty **/** and **quiet**.

They were **very sad**.

But **then**, **/** they **heard** a **sound**.

The **sound /** came from the **wolf**.

He was **sno**ring **/ loud**ly.

문가에는 늑대가 있었습니다.
늑대는 크고 무서웠습니다.
아기 염소들은 도망쳐서 숨었어요.
늑대는 그들 중 여섯 마리를 찾아냈습니다.
늑대는 아기 염소들을 먹어치웠어요!
하지만 막내 아기 염소는 무사했습니다.
그는 시계 안에 숨었습니다.

엄마 염소가 돌아왔습니다.
문이 열려 있었습니다.
엄마 염소는 무언가 이상하다고 생각했어요.

갑자기, 막내 아기 염소가 밖으로 나왔습니다.
"엄마, 늑대가 왔었어요!" 그가 말했습니다.
막내 아기 염소는 겁에 질렸지만 용감했습니다.
엄마 염소는 그를 꼭 끌어안았습니다.
그녀는 자신의 아이들을 찾고 싶었어요.

엄마 염소와 아기 염소는 집안을 살펴보았습니다.
집안은 텅 비었고 조용했습니다.
그들은 매우 슬펐습니다.
하지만 그때, 그들은 어떤 소리를 들었어요.
그 소리는 늑대에게서 나오고 있었습니다.
늑대는 큰 소리로 코를 골고 있었어요.

The **mo**ther and the **son** / **fol**lowed the **sound**.

The **wolf** was **sleep**ing.

He was under a **tree**.

His **bel**ly was **mo**ving.

"**Look**, / **Mo**ther!" / said the little **kid**.

"The wolf's **bel**ly / is **mo**ving."

Mother Goat / had an i**dea**.

She went **back** / to the **house**.

She **pack**ed a **nee**dle / and **thread**.

Then / she **went** to the **wolf**.

She cut **o**pen / the wolf's **bel**ly.

One by **one**, / the **kids** hopped **out**.

"**Mo**ther!" / they **shout**ed.

They were **all** / **sa**fe!

"We **miss**ed you!" / the **kids** said.

They **hug**ged their **mo**ther / and **bro**ther.

Mother Goat / was **hap**py, too.

But she was **al**so / **wi**se.

"**Kids**, / **bring** some **sto**nes," / she said.

The **kids** / found **hea**vy **sto**nes.

They **put** them / in the wolf's **bel**ly.

Then, / **Mo**ther Goat / **sew**ed the **bel**ly.

엄마와 아들은 그 소리를 따라갔습니다.
늑대가 자고 있었습니다.
늑대는 나무 아래에 있었어요.
그의 배가 움직이고 있었습니다.
"봐요, 엄마!" 막내 아기 염소가 말했습니다.
"늑대의 배가 움직이고 있어요."

엄마 염소에게 좋은 생각이 떠올랐습니다.
엄마 염소는 집으로 돌아갔습니다.
그녀는 바늘과 실을 챙겼어요.
이어서 엄마 염소는 늑대에게로 돌아갔습니다.
그녀는 늑대의 배를 갈라서 열었어요.
한 마리씩, 아기 염소들이 폴짝 뛰어서 나왔습니다.
"엄마!" 아기 염소들이 외쳤습니다.
그들은 모두 무사했어요!

"엄마, 보고 싶었어요!" 아기 염소들이 말했습니다.
그들은 엄마와 남동생을 끌어안았습니다.

엄마 염소도, 행복했습니다.
하지만 엄마 염소는 현명하기도 했습니다.
"얘들아, 돌을 좀 가져오렴." 그녀가 말했습니다.
아기 염소들은 무거운 돌을 찾아냈습니다.
그들은 돌을 늑대의 배 안에 넣었어요.
그러고 나서, 엄마 염소는 배를 꿰맸습니다.

Soon, **/** the **wolf** woke **up**.

He was **very thirs**ty.

He **tri**ed to get **up**.

But his **bel**ly **/** was **so hea**vy!

He did **not** **/** know **why**.

The **wolf went** to a **ri**ver.

He bent **over** **/** to **drink** some **wa**ter.

Splash! **/** The **wolf** **/** **fell** into the **ri**ver.

He **tri**ed to **swim**.

But he **sank deep** **/** into the **wa**ter.

"**No** more bad **wolf**!" **/** said **Mo**ther Goat.

The **kids** were **hap**py.

They were **safe** **now**.

The **fa**mily **/** was to**ge**ther a**gain**.

They **hug**ged **/** and **danc**ed.

They were **so glad**.

And they **all li**ved **/** **hap**pily ever af**ter**.

곧, 늑대가 깨어났습니다.
늑대는 몹시 목이 말랐습니다.
그는 일어나려고 해 보았습니다.
하지만 늑대의 배는 굉장히 무거웠어요!
그는 이유를 알 수 없었어요.

늑대는 강으로 갔습니다.
그는 물을 좀 마시기 위해 몸을 숙였어요.
첨벙! 늑대는 강에 빠졌습니다.
그는 헤엄치려 했습니다.
하지만 늑대는 물 속으로 깊이 가라앉았어요.

"더 이상 나쁜 늑대는 없단다!" 엄마 염소가 말했습니다.
아기 염소들은 행복했습니다.
그들은 이제 안전했어요.

가족은 다시 함께하게 되었습니다.
그들은 껴안고 춤을 추었습니다.
그들은 아주 기뻤습니다.

그리고 그들은 모두 행복하게 살았답니다.

Part 1 ◆ p.8~14

goat, kid, woods

wolf, knock, smart

chalk, voice, paw

trick, flour, white

scary, youngest, hide

sound, snore, belly

sew, stones, river

family, together, happy

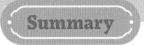
Summary

belly   open   saved   sank   hiding

Once Mother Goat told her seven kids not to _____ the door for anyone. A wolf tried to trick them several times to get inside. Finally, the kids let him in, and he ate up six kids. But one was _____ in the clock. Mother Goat came back and _____ her kids. The kids filled the wolf's _____ with stones and the wolf _____ in the river.

Memo

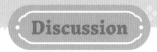

Discussion

1 ◆ **If there are no adults at home, and a stranger knocks on the door, what should you do? Should you open it?**

집에 어른이 없고 낯선 사람이 문을 두드리면, 여러분은 어떻게 해야 할까요? 문을 열어야 할까요?

2 ◆ **If a stranger knocks on the door claiming to be a friend of your mom, but you feel unsure and suspect that they might be a thief, what should you do?**

낯선 사람이 엄마의 친구라고 주장하며 문을 두드렸지만, 여러분은 확신할 수 없고 혹시 그 사람이 도둑인지 의심된다면, 어떻게 해야 할까요?

낭독하는 명작동화 Level 1
The Wolf and the Seven Little Kids

초판 1쇄 발행 2024년 8월 1일

지은이 새벽달(남수진) 이현석 롱테일 교육 연구소
책임편집 강지희 **| 편집** 명채린 홍하늘
디자인 박새롬 **| 그림** 백정석
마케팅 두잉글 사업본부

펴낸이 이수영
펴낸곳 롱테일북스
출판등록 제2015-000191호
주소 04033 서울특별시 마포구 양화로 113, 3층(서교동, 순흥빌딩)
전자메일 team@ltinc.net
롱테일북스는 롱테일㈜의 출판 브랜드입니다.

ISBN 979-11-93992-07-4 14740

The Wolf and
the Seven Little Kids

2

새벽달 X 이현석 낭독스쿨

The Wolf and
the Seven Little Kids

1

새벽달 X 이현석 낭독스쿨

The Wolf and
the Seven Little Kids

4

새벽달 X 이현석 낭독스쿨

The Wolf and
the Seven Little Kids

3

새벽달 X 이현석 낭독스쿨

The Wolf and
the Seven Little Kids

6

새벽달 X 이현석 낭독스쿨

The Wolf and
the Seven Little Kids

5

새벽달 X 이현석 낭독스쿨

The Wolf and
the Seven Little Kids

8

새벽달 X 이현석 낭독스쿨

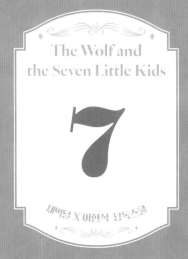

The Wolf and
the Seven Little Kids

7

새벽달 X 이현석 낭독스쿨

The Wolf and
the Seven Little Kids

14

새벽달 X 이현석 낭독스쿨

The Wolf and
the Seven Little Kids

13

새벽달 X 이현석 낭독스쿨

The Wolf and
the Seven Little Kids

16

새벽달 X 이현석 낭독스쿨

The Wolf and
the Seven Little Kids

15

새벽달 X 이현석 낭독스쿨